AF278682

L6 974

AUX CITOYENS

Membres de la Commission du Gouvernement provisoire,

POUR

L'ORGANISATION DU TRAVAIL,

Séant au Luxembourg,

Et à tous les Citoyens délégués des Travailleurs.

LIBERTÉ, ÉGALITÉ, FRATERNITÉ.

CITOYENS !

La sainte cause de la Liberté est enfin victorieuse ! Jamais, non jamais elle ne nous sera ravie, cette Liberté si chère d'où découlent tous les principes régénérateurs des nations.

La Révolution de Février est le plus grand événement qui pouvait s'accomplir sur le globe pour le bien de l'espèce humaine. Elle passera à la postérité la plus reculée comme un monument impérissable.

Citoyens, Liberté, Egalité, Fraternité, telle est, telle sera toujours la devise du peuple français !

Citoyens, les droits des propriétaires sur leurs biens légalement acquis, les droits des ouvriers à de légitimes salaires, les droits des pauvres à des aliments, tous ces droits, sous le régime de la République Française, seront toujours inviolables et sacrés.

L'organisation du Travail, l'établissement d'institutions propres à assurer le bien-être des ouvriers seront l'œuvre des premières années de la République Française. Quant aux malheureux réduits à implorer la charité publique, n'ayant d'autres moyens d'existence que les aumônes qu'ils mendient, quant à ceux de nos frères, disons-nous, qui sont obligés de traîner leurs haillons de porte en porte pour demander le morceau de pain, sans lequel ils sont exposés à mourir de faim, (c'est bien là

1848

le dernier degré du malheur !), permettez-nous, Citoyens, en faveur de ces infortunés, de soumettre, dès à présent et d'urgence, à vos méditations, des questions du plus haut intérêt.

Les causes sont extrêmement diverses pour lesquelles il y a toujours eu et pour lesquelles il y aura toujours des personnes incapables de pourvoir elles-mêmes au soutien de leur existence ; ces causes, on ne doit pas les rechercher, les examiner, les scruter : dans l'état des choses, il ne faut voir que des malheureux dont le sort est de supporter le reste de leurs jours, toutes sortes d'humiliations, toutes sortes de souffrances.

Quand on se rend compte de ces souffrances, on se demande tout d'abord par quelles ressources permanentes et durables il est possible d'y apporter des remèdes; on se demande aussi où l'on peut découvrir ces ressources.

On ne dira plus cependant, comme on le disait sous le règne de l'ex-roi, que les questions de cette nature sont brûlantes, et qu'on n'ose y toucher ; au contraire, on les abordera de face et avec résolution.

Pour connaître la somme nécessaire à l'alimentation des pauvres, nous supposerons une population de 35 millions en France, nous supposerons que les pauvres sont dans la proportion d'un par 100 personnes, nous supposerons encore une attribution de 30 centimes par personne et par jour, sauf à former des classes, à en élargir les cadres et à adopter le mode d'une répartition convenable. — D'où il résulte que, sur cette population de 35 millions, un pauvre par 100 personnes donne 350 mille pauvres, nombre sur lequel le calcul de 30 centimes par pauvre et par jour, forme la somme de **38,325,000 fr.** dont on aurait besoin chaque année pour détruire le paupérisme.

Nous allons tout de suite en mentionner l'emploi.

Aux institutions à établir dans tous les arrondissements, en faveur des jeunes enfants abandonnés, ci.................... **5,000,000 fr.**

Caisses de secours à établir de même dans tous les arrondissements, en faveur des jeunes filles totalement ou à peu près dépourvues de moyens d'existence, de jeunes filles devenues mères par séduction et délaissées, pour les aider à élever leurs enfants, ci.............. **3,325,000 ««**

8,325,000 ««

Chaque caisse sera administrée par trois dames élues par les dames déléguées des communes. Il leur sera adjoint un homme sexagénaire également élu, lequel sera de droit membre du Conseil d'agriculture et du commerce, dont nous parlerons plus loin.

RÉPARTITION AUX PAUVRES.

1ʳᵉ CLASSE.

68,492 âgés et infirmes, à raison de 30 c. par homme et par jour, ci.. 7,500,000 fr.

2ᵉ CLASSE.

82,192 dans une position un peu moins déplorable, à raison de 25 centimes par personne et par jour, ci.. 7,500,000 ««

3ᵉ CLASSE.

102,739 à raison de 20 centimes par personne et par jour, ci.. 7,500,000 ««

4ᵉ CLASSE.

136,984 à raison de 15 centimes par personne et par jour, ci... 7,500,000 ««

390,407 pauvres, recevant............................. 30,000,000 ‹«

Plus les enfants abandonnés et les filles-mères délaissées... 8,325,000 ‹«

Somme égale à celle qui est relatée plus haut. 38,325,000 ‹‹

Les aliments seraient fournis en nature. Paris aurait pour ses pauvres 1,105,714 francs à ajouter aux ressources actuelles; l'arrondissement d'Evreux 132,625 fr.; l'arrondissement de Mantes 66,342 fr., indépendamment des secours aux enfants abandonnés et aux mères délaissées.

Il faudrait donc avoir tous les ans 38,325,000 fr. pour abolir la mendicité que réprouvent nos mœurs, parce qu'elle dégrade l'homme.

Comme on espère, comme on attend de circonstances favorables, l'allégement des Contributions qui pèsent si lourdement sur l'Agriculture et sur le Commerce, où prendre le nouveau budget dont il s'agit? Telle est cependant la question à laquelle il importe de donner une solution.

Les personnes qui ne vivent que du produit de leurs bras, telles que les charretiers de labour, les bergers, d'autres gens attachés à l'Agriculture, les journaliers, les ouvriers manufacturiers, les ouvriers des différents corps d'état, toutes ces personnes forment plus du tiers de la population.

Les besoins du ménage d'un ouvrier ayant femme et deux enfants, d'un ouvrier qui ne possède que ses bras pour faire vivre sa famille, se composent principalement des objets suivants:

Pain........................	328 fr.
Viandes, légumes, beurre, fromages, épiceries, etc...............	164 « «
Boisson......................	60 « «
Logement....................	60 « «
Habillement..................	60 « «
Total...	672 « «

Si on déduit les dimanches et les fêtes, cet ouvrier a, dans le cours d'un an, 300 journées de travail pour lui et pour sa femme ; or, pour subvenir aux besoins du ménage, il faut que chaque journée de travail rapporte 2 fr. 25 c.

On voit par cette simple démonstration que, au moyen du travail et d'une économie bien entendue, l'ouvrier parvient à faire vivre sa famille; mais supposé qu'il ne puisse manquer d'ouvrage, des maladies viennent interrompre les salaires, ôter les ressources du ménage, et en augmenter les charges. — Si ceux qui n'ont que des charges ordinaires peuvent se trouver dans la gêne, dans la misère, par suite de maladies, quelles doivent être, dans ce cas, les souffrances de l'ouvrier chargé de famille!

Les matières assurables contre l'incendie, sur l'étendue du sol français, sont telles qu'il ne peut y avoir d'exagération en les évaluant à 70 milliards.—D'après les calculs faits suivant les classes et les degrés de risques, les primes perçues par des compagnies de spéculateurs sont, en moyenne, de 1 f. 80 c. pour mille, ce qui donne par milliard 1,800,000 fr. De là, il résulte que les **70 milliards** supposés de matières assurables produiront annuellement **126 millions**. — Si les primes, au lieu d'être la proie de riches spéculateurs, étaient perçues par une **Administration Nationale**, en vertu d'une loi conforme aux vœux des populations, on en retirerait les avantages que nous allons déduire.

L'administration, disons-nous, percevrait tous les ans **126** millions pour réparer légalement les désastres du feu, tout en faisant rechercher les incendiaires qui auraient à expier le double crime d'avoir détruit des propriétés, et d'avoir, par cela même, attenté à la subsistance des pauvres, ainsi que plus loin on en fera la remarque.

On ne s'effraie pas des gros chiffres, quand on songe que la machine gouvernementale a coûté au pays **27 milliards**, pendant les **17** années de règne de l'ex-roi.

126 millions , annuellement perçus pendant dix années , donnent. . . . . **1,260,000,000** fr.

Dépenses supposées pour les réparations des sinistres, pendant ledit exercice.

Année		
Année 1849	42,000,000	fr.
1850	48,000,000	« «
1851	37,000,000	« «
1852	50,000,000	« «
1853	32,000,000	« «
1854	42,000,000	« «
1855	40,000,000	« «
1856	44,000,000	« «
1857	37,000,000	« «
1858	48,000,000	« «
	420,000,000	« «

Moyennne, 42 millions.

Frais d'Administration 12 millions chaque année , au Total. . . . . **126,000,000** « «

Total des dépenses dudit exercice. . . . . **546,000,000** « «   **546,000,000** « «

Reste disponible. . . . . **714,000,000** « «

Ce système d'économie demande deux impôts : le premier de 12 millions sur des objets de luxe ; le second de 3 millions sur les chiens, lesquels impôts produiront en 10 années, ci................................150,000,000 ««

Valeurs disponibles.......... 864,000,000 ««

Aux objections qui seront faites, on aura à répondre que le luxe doit contribuer ostensiblement à donner du pain à ceux qui tendent la main pour en recevoir.

Ainsi, venons-nous de dire, valeurs disponibles.... 864,000,000 «

EMPLOI DE CES VALEURS

Pour l'alimentation de nos frères incapables de pourvoir aux besoins de leur existence, pour les enfants abandonnés, pour les jeunes filles devenues mères par séductions et délaissées, il faut chaque année 38,325,000 francs , ce qui fait pour 10 années , une somme de ci...........................383,250,000 «

Service de Compagnies de pompiers dans les villes, et dans les principales communes rurales; création de Fermes-Ecoles dans tous les arrondissements ; création d'Etablissements en faveur des classes laborieuses, établissements dont il sera fait mention dans la seconde partie du Travail..................... 80,750,000 «

100 millions dont nous trouverons l'emploi plus loin pour la colonisation de l'Algérie, ci...................100,000,000 «

50 millions dont nous trouverons encore l'emploi pour la gloire de la Patrie, ci...................... 50,000,000 «

Travaux à faire aux chemins vicinaux sur toute l'étendue de la République, Travaux d'utilité publique dans les villes, lesquels travaux seront expressé-

ment réservés aux pères de familles en
chômage et n'ayant que leurs bras pour
vivre . . . . 250,000,000 «

Il est bien entendu que dans un
autre exercice le montant des deux
précédens art. sera ajouté à ce dernier

864,000,000 « 864,000,000 «

Les incendies, la mortalité des bestiaux, les sinistres de la grêle sont de redoutables fléaux dont l'intérêt général même exige que l'on préserve autant que possible les cultivateurs. Le plus grand nombre de ceux qui ont à supporter ces dommages éprouvent une longue gêne et des difficultés insurmontables, des difficultés qui nuisent beaucoup à la bonne exploitation des terres, et à la production d'abondantes récoltes.

Les pertes de bestiaux sont de temps en temps, dans les exploitations de culture, de quelques moutons, d'une vache, d'un bon ou d'un vieux cheval. La constatation de ces faibles mais nombreuses pertes, ne pourrait être régulièrement faite, au nom d'une administration qui les garantirait, que par l'accomplissement de formalités dont les frais seraient peut-être des pertes aussi grandes que les premières. C'est ce qui autorise à dire que les établissements qui essaieraient de se produire en vue de garantir les pertes de bestiaux, que ces établissements loin d'être utiles ne présenteraient que de nouvelles charges. En effet, il est très probable que la moitié des primes passerait en frais. Que le cultivateur fasse quelques pertes de bestiaux, ou qu'il paie des primes annuelles, cela revient toujours à des pertes ordinaires et peu sensibles. — Mais quand des maladies contagieuses ou des accidents graves portent la désolation dans des exploitations de culture, par des pertes d'autant plus pénibles et d'autant moins réparables qu'elles peuvent être précédées ou suivies d'autres malheurs, dans ce cas de pertes extraordinaires, on conçoit l'assurance contre la mortalité des bestiaux; à cet égard une observation est nécessaire.

50 mille cultivateurs ont chacun pour 15 mille francs de bestiaux, ce qui fait pour le tout 750 millions. — Sur cette masse, quelle est chaque année la perte moyenne? Je l'ignore, mais je la suppose au 20°; or, en prenant le 20° on trouve que les pertes annuelles sont de 37 millions 1\2

dont chacun a pour sa part 750 francs. Si j'étais cultivateur je préférerais assurément cette perte de chaque année, comme perte ordinaire et inévitable, je la préférerais à une assurance qui se chargerait de m'en faire compte moyennant le paiement de primes illimitées sur lesquelles je ne pourrais exercer aucun contrôle.

Parmi nos 50 mille cultivateurs, il y en a 40 mille qui n'ont eu que des pertes ordinaires de 750 francs ou au-dessous, mais il y en a 10 mille qui ont essuyé des pertes extraordinaires; c'est-à-dire, le plus grand nombre pour 1,200 fr., 2,000 fr.; d'autres 5,000 fr.; d'autres pour 10,000 fr.; d'autres enfin ont tout perdu. C'est en vue de rembourser ceux-ci sous déduction de ce qui est appelé perte ordinaire (750 fr.) que, par mon système, on assurerait les bestiaux à la fois contre l'incendie, les maladies contagieuses et les accidents graves. On assurerait aussi les chemins de fer, non seulement contre l'incendie, mais aussi contre tous les accidents qui seraient les effets de la malveillance.

La grêle frappe aveuglement; elle est parfois effrayante; elle ne choisit pas les victimes; le pauvre comme le riche tombe au hasard sous ses coups; il faut la subir puisqu'elle nous est envoyée par l'être suprême, auteur de toutes choses. Soyons sages, philosophes, et reconnaissons que tout est bien, puisque Dieu veut qu'il en soit ainsi.

Considérant la grêle sous le point de vue de l'intérêt social, nous dirons que les hommes doivent se concerter pour que ses désastres ne soient pas supportés par quelques-uns seulement, mais par tous, au moyen d'une répartition générale et régulière. Un accord de cette nature serait une belle œuvre; nous sommes à une époque où tout s'améliore, où tout marche vers la perfection, pourquoi n'essaierait-on pas d'atteindre le but que nous signalons ?

Notre projet suppose une moyenne qui varierait entre 6 et 10 pour mille; au moyen de certaines combinaisons, une réserve de 35 pour mille, dont les intérêts couvrent les frais d'administration lorsqu'elle est au complet, s'établit insensiblement, et aussitôt qu'elle est attaquée ou absorbée par une année calamiteuse, elle recommence aussitôt à se reformer et à se recompléter avec le temps, pour faire face à une autre année calamiteuse. Le complément de la masse a pour effet de faire descendre la moyenne de 10 vers 6 pour mille. Chaque sociétaire en se retirant reçoit sa part proportionnelle dans la masse.

Aux temps de la féodalité, les laboureurs cultivaient les terres sous la dépendance absolue des seigneurs, qui s'étaient attribué sur eux des droits énormes, ne leur laissant en partage que l'ignorance et la servilité. L'esprit de civilisation, long-temps en germe, devait, en se développant, amener de grandes réformes, détruire une autorité oppressive, donner à tous, les mêmes droits, une Liberté entière dans leurs idées, dans leurs penchants et dans leurs mœurs, mais une Liberté conforme à celle des Citoyens les plus éclairés et les plus vertueux.

En 1789, nos pères proclamèrent les droits que la nature accorde à l'homme. Par une résolution vigoureuse, extrême, ils les voulurent pour tous, ils les demandèrent à cette classe nobiliaire et oppressive qui avait tant d'intérêt à les refuser.

Cette cause si juste, ils la soutinrent avec une persévérance et un courage magnanimes. Les privilégiés s'obstinèrent et la lutte fut terrible. Les excès, les horreurs de 93 laissèrent à leur suite de grands troubles, de longues agitations, mais le calme devait renaître un jour, et nous donner la Liberté. Avec la Liberté et le calme les nations deviennent ce que Dieu veut qu'elles soient.

Avant de terminer cette première partie de notre pétition, nous poserons une question d'intérêt agricole.

On aime à dire et à répéter sans cesse, qu'il y a une très grande différence entre l'agriculture ancienne et l'agriculture actuelle ; car il est incontestable qu'aujourd'hui les produits de notre sol sont plus que doublés comparativement à ceux que retiraient nos pères, et pourtant ce sol n'a pas changé de nature pour nous donner un si beau surcroît.

Labourer, épandre des engrais aux époques fixées par l'usage, jeter des semences sur les terres indistinctement, sans avoir égard à leurs besoins ou à leur variété, voilà l'agriculture ancienne, l'agriculture la plus vulgaire, encore pratiquée de nos jours par un trop grand nombre de cultivateurs, qui ont de la peine à sortir de la vieille routine.

Les agriculteurs de notre époque qui visent au progrès, nous disent que la terre est variée à l'infini ; que, dans ses variations, elle a, pour ainsi dire, ses goûts, ses caprices, et qu'il faut s'appliquer à les satisfaire.

L'art nouveau consiste donc à façonner les champs d'une manière appropriée à leurs besoins, à leurs différentes qualités, Pour être habile dans l'agriculture, il faut en connaître les règles, et c'est une connaissance qui ne s'acquiert qu'avec le temps.

L'agriculture, considérée sous ce point de vue, soulève naturellement la question des baux, question fort intéressante, et qui, jusqu'à ce qu'elle ait reçu une solution, ne saurait être trop agitée.

Les théoriciens posent avec raison, comme un principe fondamental, qu'il faut avoir beaucoup d'herbes pour nourrir beaucoup de bestiaux, et se procurer beaucoup d'engrais. Ils conseillent donc aux agriculteurs de consacrer le tiers et même la moitié de leurs exploitations à la nourriture des bestiaux ; les agriculteurs eux-mêmes regardent ce principe comme vrai, mais la théorie ne devrait-elle pas songer aussi à la durée des baux, qui n'est point en rapport avec les préparations et les frais exigés par la culture raisonnée des terres, avant la récolte des herbes et des moissons abondantes ?

A l'époque actuelle où tout tend à se niveler, on ne peut prospérer dans aucune partie sans une bonne gestion, une bonne exécution ; et l'agriculture étant considérée dans tous ses détails, on reconnaît que les charges en sont lourdes, qu'elles sont un obstacle aux essais. Les essais répétés font naître l'habileté, le talent, sans lesquels on ne peut obtenir de bénéfices réels ; mais les agriculteurs peuvent-ils s'y livrer avec tant de frais dans des exploitations dont la jouissance ne repose que sur des baux de neuf années ? — Un fermier entrant est obligé, pendant plusieurs années, de faire ses frais de préparation, et à peine en a-t-il recueilli quelques fruits que déjà il voit de bien près le terme de sa jouissance.

Conservera-t-il cette jouissance, en obtenant de son propriétaire une prolongation de bail ? C'est ce qui le préoccupe, et telle est souvent la triste position de ce fermier, que, pour obtenir une prolongation de bail après de grands sacrifices, il est forcé de les doubler en donnant au propriétaire l'augmentation de loyer offerte à celui-ci par un concurrent qui renchérit précisément à cause de l'état de bonne culture de la ferme, la disputant à celui qui en a fait tous les frais.

Pour rémédier à un inconvénient si grave, ne pourrait-on pas établir deux sortes de baux ; appeler demi-baux les baux de neuf ans, et baux entiers les baux de dix-huit ans, avec certaines conditions ?

Pour expliquer brièvement cette proposition, il faut dire que de longs baux, quelque avantageux qu'ils fussent, seraient toujours une sorte d'aliénation pour les propriétaires, puisqu'ils seraient longtemps sans pouvoir disposer de leurs propriétés ; mais il faut dire aussi que le droit de résiliation serait prévu pour le moment où s'accomplirait la neuvième année, droit dont l'exercice obligerait les propriétaires à payer aux fermiers une indemnité pour les engrais. La première période des baux s'accomplirait donc sans que les fermiers eussent intérêt à rien détruire de l'état de bonne culture où ils auraient mis leurs exploitations.

Cette question des baux est d'autant plus intéressante qu'elle se rattache essentiellement aux questions des herbes, des bestiaux et des engrais, tant préconisées par les auteurs de notre époque, et que de la solution de ces diverses questions dépendent les améliorations espérées pour l'agriculture.

Avec une jouissance de 18 années, un agriculteur intelligent ferait tous les frais de préparation nécessaires, dès le commencement de son bail ; il appliquerait tout son talent à faire fructifier les terres pendant cette longue jouissance, il paierait facilement ses fermages ; il se procurerait de l'aisance pour l'établissement de ses enfants, et un bien-être pour ses vieux jours ; tandis qu'il arrive difficilement à ces résultats avec des baux de courte durée.

Oui, si l'usage des longs baux s'établissait, on n'entendrait plus ces plaintes de la part des Cultivateurs.

« Le malheur de l'agriculteur, disent-ils, c'est la trop courte durée
« des baux ; nous ne pouvons entretenir constamment nos fermes en
« état de bonne culture, parce que nous avons toujours à craindre
« qu'elles n'aillent à d'autres mains à l'expiration des baux. Pour
« éloigner les concurrents, nous détruisons dans les dernières années,
« ce que nous préparons à si grands frais pendant les premières. »

Citoyens, si vous accueillez cette première partie de notre travail, nous le compléterons et nous émettrons nos idées sur ce qu'il y a à faire pour assurer le bien-être de l'ouvrier, avec les trois cents journées de salaire dont se compose sa fortune; ensuite nous soulèverons une question hypothécaire, et examinerons si le crédit agricole est possible. Nous parlerons, en même temps, de la formation d'un Conseil de l'Agriculture, du commerce et du travail dans chaque arrondissement agricole;—d'un Conseil du Commerce et du travail, dans chaque arrondissement commercial (dans les grandes villes). Nous demanderons la formation d'une École d'ingénieurs agricoles, à l'instar de l'École Polytechnique, afin de placer auprès de chaque Conseil de l'Agriculture, un savant ingénieur agricole, qui rendra les plus grands services. Nous indiquerons l'emploi en dix ans, de cent millions qu'offre notre système pour coloniser l'Algérie, laquelle somme se doublera, se triplera peut-être, et, plus tard, nous procurera les moyens de donner des récompenses aux vertus civiles et militaires, de secourir d'honorables infortunes, d'entretenir l'Hôtel des Invalides civils. Nous demanderons l'érection d'un monument gigantesque, impérissable comme la République Française. Ce monument sera le Temple de la Liberté! Il sera placé aux Champs-Élysées, en regard des Invalides Civils (les Tuileries) et des Boulevards. Sur la face vers la Madeleine, seront les symboles de la Religion; sur la face vers l'Arc-de-Triomphe, les symboles de la Gloire; sur la face vers l'Assemblée constituante, les symboles de la Justice; sur la face vers les Invalides civils, les symboles de l'Humanité et de la Liberté. Il sera orné des statues des hommes qui se sont immortalisés dans la conquête de nos Libertés et dans le progrès des sciences.

Je ne puis finir cet écrit sans dire que je suis douloureusement affligé de voir les élections des Représentants du Peuple fixées au 9 avril, et sans en demander l'ajournement, malgré les protestations de Bordeaux, de Belleville, malgré toutes les protestations quelqu'imposantes qu'elles soient, ma demande est fondée sur de puissants motifs que je vais exposer succintement.

Les Conseils de l'Agriculture, du Commerce et du Travail, dans les arrondissements agricoles; les conseils du Commerce et du Travail, dans les arrondissements commerciaux, devront être composés de cultivateurs, de commerçants, de manufacturiers et d'ouvriers, au moyen de l'élection d'un membre par 1000 âmes de population; ils se renouvelleront par tiers chaque année.

Ils auront de nombreuses attributions; ils administreront notamment

1° l'alimentation des pauvres avec l'aide des municipalités ; 2° les institutions des jeunes enfants abandonnés ; 3° les Caisses de secours aux jeunes filles victimes de séductions ; 4° les Fermes-Ecoles ; 5° les comptoirs d'escompte pour l'Agriculture et le Commerce ; 6° les Epargnes des ouvriers dont le placement sera fait de manière à être utile à l'Agriculture et au Commerce, et aussi de manière à fructifier le plus possible, afin de préparer une honnête retraite aux ouvriers ; 7° les Etablissements qui seront formés dans le but de pourvoir aux besoins des ouvriers malades.

Ils donneront une direction au Travail ; ils établiront des bases, essentiellement variables, pour la fixation des salaires, le tout conforme aux lois ou règlements à intervenir.

Ils publieront des renseignements sur les candidats qui se présenteront pour l'Assemblée nationale, où les Ouvriers, l'Agriculture, le Commerce, les Sciences et les Arts, l'Armée, devront être représentés dans de justes proportions.

Des membres élus au sein de tous les Conseils d'arrondissement réunis au chef-lieu du département, s'assembleront chaque année à Paris, pour former un congrès agricole et commercial.

Dans l'état actuel des affaires du pays, je demande, avant tout, la formation des Conseils d'arrondissement dont il s'agit, et j'en propose les élections pour le 20 avril.

Je demande, en conséquence, que les élections des représentants du peuple soient renvoyées au 20 mai.

Aussitôt qu'ils seront formés, les Conseils d'arrondissement se tiendront en permanence ; ils exposeront aux populations l'état de la République Française, et celui de l'Europe.

Ils feront un appel à tous les amis de la République, afin que chacun contribue, suivant sa fortune, à un prêt national et volontaire qui sera garanti sur l'état aussitôt que l'assemblée constituante sera réunie.

Les fonds provenant de ce prêt national et volontaire seront remis : moitié à l'Administration de nos Finances, moitié aux Conseils d'arrondissement pour commencer l'établissement des Comptoirs agricoles et commerciaux, et enfin de subvenir aux besoins les plus pressants.

Citoyens membres de la commission du Gouvernement Provisoire pour l'organisation du Travail, Citoyens délégués des Travailleurs, je m'adresse à vous avec une profonde conviction sur la possibilité d'amé-liorer le sort de ceux de nos frères qui n'ont d'autres ressources que leurs bras pour vivre et faire vivre leurs familles; il ne faut pas les leurrer par de vaines promesses, il faut au contraire accomplir promptement tout ce qui est praticable.

Si je me trompe sur les moyens que j'indique, adoptez-en de meilleurs, mais conduisez-nous à des résultats satisfaisants tout à la fois pour les Travailleurs, les Agriculteurs, les Commerçants, conduisez-nous surtout à des résultats positifs.

Pour que l'œuvre immense dont il s'agit, puisse s'accomplir, je souhaite de tout mon cœur le fraternel concours des hommes qui ont fait la Révolution du 24 Février, et de ceux qui, précédemment, ont assisté au banquet du Château-Rouge; oui, je désire ardemment une alliance sincère entre les hommes de ces deux mémorables événements, parce que les uns ont achevé ce que les autres avaient commencé, parce qu'ils ont tous montré du courage et du patriotisme.

Citoyens ouvriers de Paris, vous qui êtes si admirables dans vos géné-reuses démonstrations, c'est à vous qu'il appartient de former cette alliance, pour laquelle j'adresse des vœux au Ciel, parce que le concours de tous les hommes qui se sont montrés bons patriotes doubleraient les forces morales de notre pays, de notre jeune République, appelée par la volonté de Dieu à servir d'exemple à toutes les nations de la terre.

Citoyens Travailleurs, comme au 17 mars, formez donc de vous tous une colonne serrée; dirigez-vous vers le Champ-de-Mars, après vous y être donné rendez-vous avec les hommes politiques du 24 Février, avec ceux du Château-Rouge, avec toute la Garde Nationale, avec tous les Citoyens de Paris. Là nous entendrons les discours de nos plus grands orateurs, sur toutes les questions qui précédent. L'utilité des Conseils de l'Agriculture, du Commerce et du Travail, sera solennellement pro-clamée, et, dans un seul jour, nous aurons franchi une distance immense vers le but que nous poursuivons.

Croyez-le bien, paisibles ouvriers de Paris, croyez-le bien, mes amis et mes frères, l'alliance que je vous prie de provoquer sera chère à toute la nation, puisqu'elle fera renaître le crédit, reparaître les capitaux.

Pour que la République soit heureuse et florissante, il faut que chacun puisse avoir confiance dans l'avenir de notre belle patrie.

Salut et Fraternité ,

GIRARD.

Imprimerie de GUILLOIS, faubourg Saint-Antoine, 123.

www.ingramcontent.com/pod-product-compliance
Lightning Source LLC
Chambersburg PA
CBHW071647030726
47598CB00005B/2033